किसी चीज़ से भी बड़ा क्या है?
(इनफ़िनिटी)

I0355039

डेविड ई. मैकएडम्स द्वारा

हिंदी - Hindi

कॉपीराइट © 2024 Life is a Story Problem LLC। सभी अधिकार सुरक्षित हैं। कॉपीराइट धारक की लिखित सहमति के बिना इस कार्य का कोई भी भाग किसी भी तरह से कॉपी, संग्रहीत या प्रेषित नहीं किया जा सकता है।

डेविड ई. मैकएडम्स की अन्य पुस्तकें

तोते के रंग – तोते के अद्भुत चित्रों का उपयोग करके रंगों की अवधारणा का परिचय। प्रीस्कूलर के लिए।

फूलों के रंग – फूलों के अद्भुत चित्रों का उपयोग करके रंगों की अवधारणा का परिचय। प्रीस्कूलर के लिए।

ब्रह्मांड के रंग – नासा से छवियों का उपयोग करके रंगों की अवधारणा का परिचय। प्रीस्कूलर के लिए।

आकृतियाँ – आकृतियों का परिचय। प्रीस्कूलर के लिए।

संख्याएँ – संख्याओं की अवधारणा का परिचय। कक्षा K–2 के लिए।

किसी चीज़ से भी बड़ा क्या है? (इन'फ़िनिटी) – इनफिनिटी की अवधारणा का परिचय। कक्षा 1–3 के लिए।

स्विंग सेट (सेट सिद्धांत) – सेट सिद्धांत का परिचय। ग्रेड 2–4 के लिए।

One Penny, Two (अंग्रेजी में) – अगर जैरी का पैसा हर दिन दोगुना हो जाता है, तो उसे एक गहरे हरे रंग की स्पोर्ट्स कार खरीदने में कितना समय लगेगा? ग्रेड 3–6 के लिए।

प्ले मनी एक्टिविटी किट के साथ सीखना – $1,000,000 से ज़्यादा के प्ले मनी के साथ बड़ी संख्याएँ और गिनती सिखाएँ।

मेरे पसंदीदा फ्रैक्टल्स (खंड 1 और 2) – बेहतरीन फ्रैक्टल्स की पिक्चर बुक हाई रेज़ोल्यूशन इमेज के रूप में प्रस्तुत की गई है। सभी उम्र के लिए।

Monster Creatures of the Deep Sea (अंग्रेजी में) – गहरे समुद्र में पर्यावरण का अन्वेषण करें, और 44 गहरे समुद्री जीवों के बारे में जानकारी प्राप्त करें।

All Math Words Dictionary (अंग्रेजी में) – प्री-एलजेब्रा, बीजगणित, ज्यामिति और प्री-कैलकुलस के छात्रों के लिए एक गणित शब्दकोश।

पाई के पहले दस लाख अंक (π) – पाई के पहले मिलियन डिजिट्स। सभी उम्र के लिए।

e के पहले दस लाख अंक – यूलर के स्थिरांक e के पहले दस लाख अंक। सभी उम्र के लिए।

2 के वर्गमूल के पहले दस लाख अंक – 2 के वर्गमूल के पहले दस लाख अंक। सभी उम्र के लिए।

प्रथम सौ हज़ार अभाज्य संख्याएँ – पहले सौ हज़ार अभाज्य संख्याएँ। सभी उम्र के लिए।

Geometric Nets Project Book (अंग्रेजी में) – 3 आयामी पॉलीहेड्रा में कॉपी करने, काटने और एक साथ टेप करने के लिए 80 ज्यामितीय जाल। 9 वर्ष और उससे अधिक उम्र के लिए।

Geometric Nets Mega Project Book (अंग्रेजी में) – 3 आयामी पॉलीहेड्रा में कॉपी करने, काटने और एक साथ टेप करने के लिए 253 ज्यामितीय जाल। 9 वर्ष और उससे अधिक आयु के लिए।

अद्यतित सूची के लिए, https://www.DEMcAdams.com देखें।

बड़ा कितना बड़ा है?

किसी चीज़ से भी बड़ा क्या है? - 1

क्या आप एक बड़े?

किसी चीज़ से भी बड़ा क्या है? - 2

क्या आप चूहे से बड़े हैं?

किसी चीज़ से भी बड़ा क्या है? - 3

क्या आप हाथी से बड़े हैं?

किसी चीज़ से भी बड़ा क्या है? - 4

कौन बड़ा है, आप या आपके पापा?

किसी चीज़ से भी बड़ा क्या है? - 5

कौन बड़ा है, आपके पिता या घर?

किसी चीज़ से भी बड़ा क्या है? - 6

कौन सा बड़ा है, एक घर या एक शहर?

किसी चीज़ से भी बड़ा क्या है? - 7

कौन सा बड़ा है, एक शहर या दुनिया?

किसी चीज़ से भी बड़ा क्या है? - 8

कौन बड़ा है, संसार या सौर मंडल?

कौन बड़ा है, सौरमंडल या आकाशगंगा?

किसी चीज से बड़ा क्या है?

किसी चीज़ से भी बड़ा क्या है? - 11

इनफ़िनिटी का अर्थ है किसी भी चीज़ से बड़ा।

किसी चीज़ से भी बड़ा क्या है? - 12

क्या आप 5 तक गिन सकते हैं?

किसी चीज़ से भी बड़ा क्या है? - 13

क्या आप पाँच से एक ज़्यादा गिन सकते हैं? छह पाँच से एक ज़्यादा है।

1 2 3 4 5 6

किसी चीज़ से भी बड़ा क्या है? - 14

क्या आप छह से एक ज़्यादा गिन सकते हैं? छह से एक ज़्यादा सात होता है।

6+1=7

आप किसी भी संख्या से हमेशा 1 अधिक गिन सकते हैं।

किसी चीज़ से भी बड़ा क्या है? - 16

आर्किमिडीज़ ने कहा था, "हमेशा एक संख्या अधिक होती है।"

किसी चीज़ से भी बड़ा क्या है? - 17

इसमें कोई अंतिम संख्या नहीं है, क्योंकि सदैव एक और संख्या होती है।

चूँकि कोई अंतिम संख्या नहीं है, संख्याएँ अनंत हैं।

अनन्तता का अर्थ किसी भी संख्या से कहीं अधिक है जिसकी आप कल्पना कर सकते हैं।

क्या आप किसी कछुए की कल्पना कर सकते हैं जो पूरी दुनिया से भी बड़ा हो? अनंत उससे भी बड़ा है।

किसी चीज़ से भी बड़ा क्या है? - 21

क्या आप कल्पना कर सकते हैं कि सौ अरब आकाशगंगाओं में कितने तारे हैं? अनंत तो इससे भी कहीं ज़्यादा है।

अनन्तता का अर्थ किसी भी संख्या से अधिक है।

किसी चीज़ से भी बड़ा क्या है? - 23

व्यावहारिक गतिविधि:

अनंत कितना बड़ा है?

1. कागज़ का एक टुकड़ा और एक पेंसिल लें। कागज़ पर अंक लिखना शुरू करें।
2. आप एक कागज़ पर कितने अंक लिख सकते हैं?
3. प्रत्येक अंक संख्या को बड़ा बनाता है। यदि आप पूरे दिन कागज़ पर अंक लिखते रहें, तो क्या यह अनंत होगा?
4. आप चाहे जितने भी अंक लिखें, यह अनंत नहीं होगा।

फ़ोटो क्रेडिट:

रूलर वाला बच्चा: जियो मार्टिनेज।
बच्चे को नापता हुआ आदमी: पॉल हकीमाता।
लड़की के कंधे पर चूहा: ओलेग कोज़लोव।
हाथी की सूंड पर लड़का: मुएलेक जोसेफ।
पिता और बेटी: डाना फ्राई।
सीढ़ी वाला आदमी: ऐनी किट्ज़मैन।
विक्टोरियन घर: आरोन वुड।
पृथ्वी: नासा गोडार्ड स्पेस फ़्लाइट सेंटर।
सौर मंडल: नासा/जेपीएल।
मिल्की वे आकाशगंगा: जीएसएफसी।
जेट: स्वेतलाना टेबेनकोवा।
छह आकृतियाँ: इयोनिस कौनडेस।
मार्बल: दिमित्री सुनागाटोव।
आर्किमिडीज़: कलाकार अज्ञात।
नंबर सूप: एलेक्सिस पुएंटेस।
नंबर सुरंग: इओना डेविस।
अनंत मोती: ऐनी किट्ज़मैन।
दुनिया को ले जाने वाला कछुआ: स्टासुक स्टैनिस्लाव
आर्किमिडीज़: जीन गौजोन, फोटो: जस्ट्रो

www.ingramcontent.com/pod-product-compliance
Lightning Source LLC
Chambersburg PA
CBHW081505070526
44586CB00019B/2480
* 9 7 8 1 6 3 2 7 0 5 6 5 5 *